AF226050

Feliz por dentro
Glücklich mit mir

By Marisa J. Taylor

Illustrated by Vanessa Balleza

BILINGUAL

Spanish - German

Me encanta el color de mi piel, soy única y bonita tanto por dentro como por fuera.

Ich liebe die Farbe meiner Haut. Ich bin einzigartig und wunderschön von innen heraus.

Estoy orgullosa de quien soy y de lo que puedo llegar a hacer.

Ich bin stolz darauf, wer ich bin und was ich kann.

Ser yo misma me hace feliz.

So zu sein, wie ich bin, macht mich glücklich.

Me encanta cantar, bailar y jugar con mis amigos, esto me hace feliz.

Ich liebe es zu singen, zu tanzen und mit meinen Freunden zu spielen. So bin ich eben und das macht mich glücklich.

qué
what
tú
you

Was ist mit dir? Was macht dich glücklich?

feliz
happy
?

A algunos de mis amigos les gusta hacer mucho ruido con los juguetes y eso les parece divertido.

Ein paar meiner Freunde spielen gerne mit Spielzeug und machen viel Lärm. Das ist auch okay, denn die machen es gern.

A algunos de mis amigos les encanta cantar, bailar y hablar cada segundo. Cada uno es diferente y especial en este mundo.

Einige meiner Freunde lieben es zu singen, zu tanzen und viel zu reden. Das ist okay, weil jeder anders und ganz besonders ist in seinem Wesen.

Hago todo lo posible para ser la mejor versión de mi misma.

Ich gebe mein Bestes, und bin genau richtig, so wie ich bin.

No me comparo con los otros niños que veo. Estoy orgullosa de quien soy y de ser yo misma.

Ich vergleiche mich nicht mit den anderen Kindern, die ich sehe. Ich bin stolz auf mich und frei, ich selbst zu sein.

Algunos niños dirán cosas sobre ti y te harán sentir triste.

Manche Kinder werden Dinge sagen, die dich traurig machen werden.

No les prestes atención a sus palabras y continúa estando alegre.

Achte nicht auf ihre Worte, lass dir deine Freude nicht verderben.

Animémonos y apoyémonos unos a otros para ser lo mejor que podamos ser.

Wir helfen einander, das Schöne zu zeigen, das in uns steckt.

Cada uno es único a su manera.

Jeder ist auf seine besondere Art und Weise einzigartig.

Sé feliz contigo mismo y con lo que tienes a tu alrededor.

Sei glücklich, wie du bist und freue dich über alles, was du siehst.

No importa de qué parte del mundo seas, ni el color de tu piel.
Sé tú misma y haz lo que te haga feliz.

Egal, woher du kommst. Egal, welche Hautfarbe du hast.
Sei Du selbst und mach das, was dich vollkommen glücklich macht.

Cuando sientas las mariposas en el estómago, párate y sonríe y haz lo que te hace feliz.

In dem Moment, in dem du die Schmetterlinge in dir spürst und ein Lächeln auf deinem Gesicht hast, mach mehr davon, um Dich zum Lächeln zu bringen.

Recuerda alguna cosa que te haga feliz...

Merke dir eins, um mit dir glücklich zu sein...

Mírate en el espejo y repite: Me siento cómodo en mi propia piel y soy la mejor versión de mi misma.

Sieh dich im Spiegel an und sage dir laut: „Ich bin genau richtig, so wie ich bin und glücklich in meiner Haut."

Si crees en ti, puedes lograr cualquier cosa
en la vida y ser feliz.

Wenn du an dich selbst glaubst und dich
selbst liebst, kannst du im Leben alles
erreichen und gewinnen.

Ser yo mismo(a) me hace.....
Ich selbst zu sein macht mich....

¿Y a ti? ¿Qué te hace feliz?

Was ist mit dir?
Was macht dich glücklich?

LINGO BABIES

Feliz por dentro
Glücklich mit mir
Copyright © Lingo Babies, 2021

Written by Marisa J. Taylor
Illustrations: Vanessa Balleza

ISBN: 978-1-9163956-8-8 (paperback)

ISBN:978-1-914605-28-4 (hardcover)

Graphic Design: Clementina Cortés
Spanish Translation: Elena Sosa